# 나의 스마트폰 일기

전해리 글
원혜진 그림

# 나의 스마트폰 일기

슬기로운 진이
스마트폰을 정복하다

* 추천사 *
## 스마트폰이라는 미로에서 길을 찾는 법

누구나 이런 경험을 해 봤을 거예요. 유튜브 앱을 열면서 결심하죠. "딱 5분만 볼 거야." 5분이 지나면 또 결심합니다. "이거까지만 보겠어." 지키지 못할 결심을 몇 차례 더 하다 보면, 아뿔싸! 50분이나 지나가 버린 뒤입니다.

이뿐인가요? 하나만 확인하려고 메신저를 열었다가 대화방마다 들어가 새 메시지를 죄다 읽고, 한 편만 보려고 했다가 웹툰 시리즈 전체를 보기도 하지요. 이럴 때마다 스마트폰이 '미로' 같다는 생각이 듭니다. '출구'를 찾기 어려워 한참이나 헤매게 되는 미로 말이에요.

출구를 잘 아는 안내자가 있다면 걱정할 게 없습니다. 이 책이 바로 스마트폰이라는 미로에서 '출구'를 찾도록 도와주는 안내자입니다. 스마트폰의 긍정적인 면을 잘 이용하고 부정적인 면에 빠지지 않는 비법을 아주 잘 아는 안내자입니다. 이 안내자는 매우 친절해서 스마트폰을 현명하게 이용하는 방법을 꼼꼼하고 쉽게 알려 줍니다. 게다가 재미있기도 합니다. '스스로 스마트폰 생활을 돌아보고, 곰곰이 생각하고 판단하여, 실천으로 옮기는' 진지한 과정을 유머러스하게 표현하여 부담을 덜어 줍니다.

이 안내자가 알려 주는 비법을 하나씩 실천하다 보면, 스스로 출구를 찾을 수 있게 될 거예요. 미로 끝에는 더 건강하고 더 똑똑해진 '나'가 기다리고 있을 것이고요.

그럼 시작해 볼까요? 스마트폰을 지혜롭게 쓰는 방법을 배워 한 뼘 더 성장한 '나'를 만나는 여행을!

**-강용철**(경희여중 교사, EBS 강사, 《미디어 리터러시, 세상을 읽는 힘》 저자)

* 작가의 말 *
## 스마트폰과 좋은 친구가 되는 법을 알려 드립니다

스마트폰은 주머니에 쏙 들어갈 만큼 작지만 즐거운 세계로 통하는 넓은 문입니다. 스마트폰만 있으면 전 세계 정보에 바로 접근하고, 재미있는 게임과 영상을 즐기고, 멀리 떨어져 있는 사람과도 얼마든지 이야기할 수 있습니다. 원래도 똑똑했는데 최신형은 인공 지능 기능까지 있어서 훨씬 더 똑똑해졌어요. 무슨 일이든 척척 해내는 스마트폰은 우리 생활에 없어서는 안 되는 중요한 도구가 되었습니다.

하지만 이 중요한 도구가 도둑이 될 수도 있습니다. 소중한 우리 시간과 개인 정보를 훔쳐 가는 도둑 말이에요. 스마트폰과 관계 맺기를 잘못하면 이런 일이 생깁니다. 비밀 하나 알려 줄까요? 스마트폰이 없던 때로 돌아가고 싶다고 생각하는 어른들이 꽤 많아요. 스마트폰과 관계 맺기가 어른들도 어려워하는 문제란 거죠.

하지만 이 글을 읽는 여러분은 걱정하지 않아도 돼요. 이 책에 스마트폰의 장점을 잘 활용하고, 스마트폰으로 생길 수 있는 문제를 미리 생각하고 대비하는 방법들을 담았거든요. 애플리케이션을 다운로드할 때 조심할 점, 내 몸과 개인 정보를 안전하게 지키는 법, 스크린 타임으로 시간을 관리하는 방법, 혹시나 스마트폰을 압수당했을 때 고민할 내용까지, 스마트폰을 사 달라고 조르는 친구들이나 이미 쓰고 있는 친구들에게도 도움이 될 내용을 몽땅 챙겨서 넣었어요.
책의 마지막 장을 덮을 땐 스마트폰과 좋은 친구가 되고 싶어 가슴이 두근두근할 거예요. 스마트폰과 좋은 친구 되기, 지금부터 같이 시작해 봐요.

-전해리

**차례**

추천사 스마트폰이라는 미로에서 길을 찾는 법 · 4
작가의 말 스마트폰과 좋은 친구가 되는 법을 알려 드립니다 · 6

1. 스마트폰이 진짜 필요해? · 10
2. 꼭 스마트폰이어야 해! · 16
3. 스마트폰이 좋은 것만은 아니야 · 24

4. 스마트폰 사용 계약서를 써요 · 28
5. 드디어 내 스마트폰이 생겼어! · 36
6. 메신저를 쓰고 싶어요 · 46

7. 메신저 때문에 친구랑 싸웠어요 · 52
8. 유튜브가 내 마음을 어떻게 알았지? · 56
9. 멀티태스킹은 곤란해! · 64
10. 스마트폰 에티켓을 지켜라 · 68
11. 낯선 사람이 말을 건다면? · 72

12. 스마트폰, 안전이 가장 중요해 · 78
13. 스크린 타임을 줄여라 · 82
14. 스마트폰과의 이별 · 88
15. 계약서를 다시 써요 · 94

# 1. 스마트폰이 진짜 필요해?

친구들이 스마트폰을 하며 웃는 걸 보면 기분이 어때?
부럽지 않았니?
다른 사람이 스마트폰으로 재미있게 노는 모습을 보면
누구나 자기도 갖고 싶다는 생각이 들 거야.

친구들과 메신저를 하거나 게임을 하거나 유튜브를 보는 건
태블릿으로도 할 수 있어. 진이도 이미 태블릿이 한 대 있어.
그런데도 또 스마트폰을 사야 할까?

스마트폰이 있는 현이와 진이의 하루를 비교해 보자.
그러면서 스마트폰이 필요한 이유를 생각해 보자고.

# 스마트폰이 있는 현이의 하루

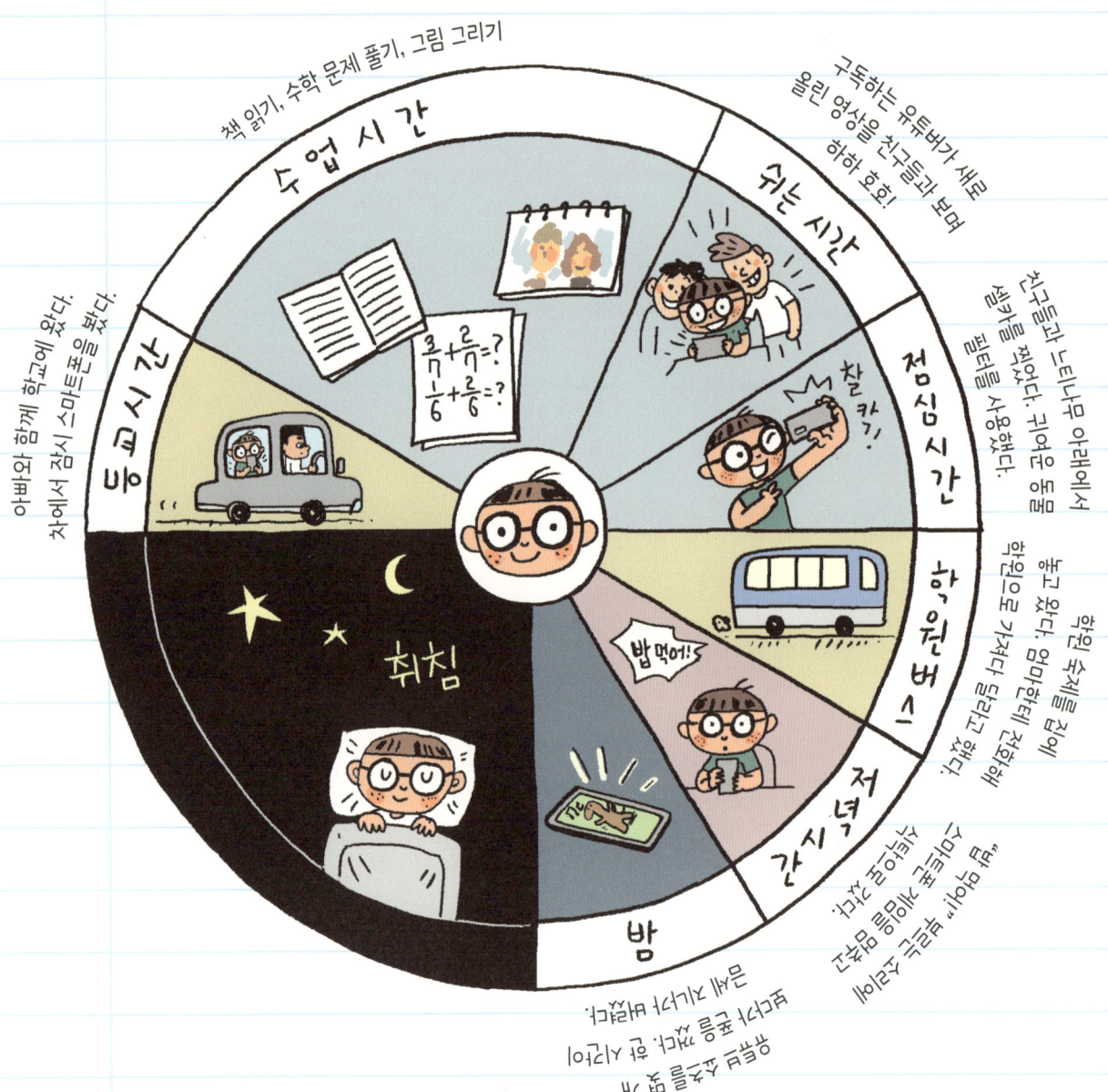

네 가지 중에서 스마트폰이 꼭 필요한 일이 뭘까?

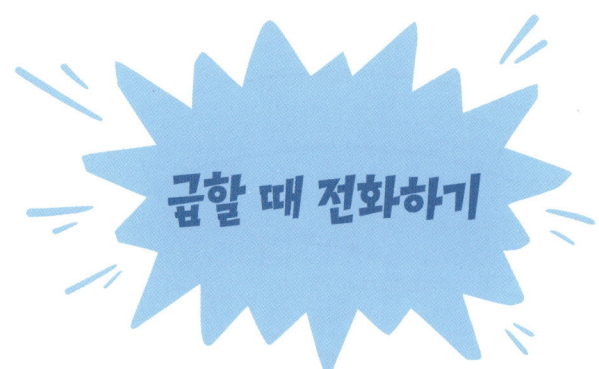

이런 이유라면 부모님도 인정할 거야.
요즘엔 공중전화가 별로 없어서 급할 때 전화하기가 힘드니까.

하지만 나머지는 스마트폰을 꼭 써야 할 이유가 안 돼.
동영상을 보고, 사진을 찍고, 게임을 하기 위해서 스마트폰이
필요하다고 하면 부모님은 아마 허락하지 않을 거야.
엄마가 말한 것처럼 태블릿으로도 할 수 있으니까.
태블릿은 무겁고 커서 가지고 다니기 훨씬 불편하겠지만.

엄마 아빠를 설득하려면 이유를 더 찾아야겠지?
스마트폰을 꼭 써야 할 이유가 무엇인지 더 곰곰이 생각해 보자!

## 친구들은 어떤 휴대폰을 쓸까?

**키즈 폰을 쓰는 하니**
- 스마트폰처럼 생겼고, 귀여운 캐릭터가 있음.
- 부모님과 함께 정한 전화번호에만 통화나 문자가 가능하고, 인터넷 사용은 안 됨.
- 하루에 30분만 사용하도록 설정되어 있음.

**단순한 폴더 폰을 쓰는 찬성이**
- 전화와 문자만 되고 인터넷은 쓸 수 없음.

**키즈 워치폰을 쓰는 제이**
- 스마트워치와 똑같이 생김.
- 전화, 문자, 알람, 운동 측정 등을 할 수 있음.
- 부모님 휴대폰과 연결되어 있음.

**스마트폰을 쓰는 준이**
- 인터넷을 사용할 수 있지만 부모님 허락을 받아야 앱을 깔 수 있음.
- 전화, 문자, 카메라, 건강 관리 앱, 메신저, 인터넷 검색, 유튜브를 사용함.
- 하루에 1시간 사용하도록 설정되어 있음.

# 2. 꼭 스마트폰이어야 해!

오늘 정말 큰일 날 뻔했다.

엄마와 마트에 갔다 오는데 갑자기 배가 아팠다.

속이 부글거리고 이마에서 식은땀이 나고,

당장 쌀 거 같은데 화장실이 보이지 않았다.

엄마가 스마트폰 앱으로 화장실을 찾아서 가까스로 위기를 넘겼다.

너무 힘들었지만 스마트폰이 필요한 이유를 또 하나 찾았다.

스마트폰은 휴대폰과 컴퓨터를 결합한 기계야.
똑똑한 휴대폰이라서 이름도 스마트폰.
컴퓨터로 온갖 일을 다 하는 것처럼 스마트폰에 원하는
여러 기능을 추가해서 쓸 수 있어.

스마트폰이 탄생하기 전에는 사진은 카메라로 찍었고
영상은 텔레비전이나 영화관에서 봤어.
저축하려면 은행에 직접 가거나 컴퓨터로
인터넷 뱅킹을 해야 했고, 전화는 전화기로 했지.

스마트폰만 있으면 언제 어디서나 이 많은 일을
손가락을 몇 번 움직여 해결할 수 있어. 엄청 편리하지?
스마트폰이 얼마나 똑똑한 기계인지 더 살펴보자.

## 언제 어디서나 스마트폰으로 할 수 있는 것들

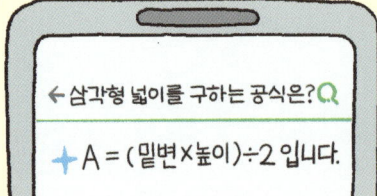

**궁금한 게 있으면 바로바로! 검색하기**

**처음 가는 길도 척척! 길 찾기**

**영상과 음악 만들기**

**수첩, 일기장, 사진 앨범**

**통장과 신용 카드**

언어 장벽을 허무는 통역

생각과 의견 교환

온라인 강의 보기

영상 보기와 음악 듣기

이 밖에도 필요한 앱을 스마트폰에 설치해서 얼마든지 쓸 수 있어. 운동 측정, 별자리 찾기, 손전등, 메일 보내기, 녹음, SNS, 수학 계산, 회사 일 등등 컴퓨터로 할 수 있는 건 다 돼.

스마트폰에 설치할 수 있는 앱 종류가 수백만 개가 넘을 정도야.

### 커뮤니티 매핑

스마트폰에는 자기 위치를 알려 주는 지피에스(GPS) 기능이 있어.
이 기능을 이용해서 볼일이 급한 사람들을 위해 만든 지도가 있었어.
이 지도에 화장실 정보가 처음부터 들어 있진 않았어.
남녀 화장실이 따로 있는지, 휴지가 있는지 등등 사람들이
자기가 이용했던 화장실 정보를 지도에 올리면서 점점 편리해졌어.

이렇게 여러 사람이 참여하여 도움이 될 정보 지도를 만드는 걸
커뮤니티 매핑이라고 해. 이걸로 장애인, 노인, 임산부 등
교통 약자를 돕기도 해. 음식점, 병원, 지하철역 같은 건물에
엘리베이터나 휠체어 경사로가 있는지 조사해서 올리는 거지.

## 해시태그

스마트폰으로 세상을 바꾸는 일에 참여할 수도 있어.

혹시 해시태그라고 들어 봤니? 해시 기호(#)를 단어나 문장 앞에 붙여 쓰는 것을 해시태그라고 해.

해시는 기호 이름이고, 태그는 꼬리표라는 뜻이야.

해시태그는 검색을 쉽게 해 주는 깃발이야.

예를 들어 볼게. 운동하면서 쓰레기를 줍는 활동을 플로깅이라고 해.

SNS에서 '#플로깅' 해시태그를 검색하면 플로깅 활동 게시물을 볼 수 있어.

활동 현장에서 스마트폰으로 바로 게시물을 올리면서 '#플로깅'이라고 해시태그를 달기도 해.

해시태그로 환경 보호, 차별 반대 등 사회에 꼭 필요한 활동을 널리 알릴 수 있어. 힘들고 어려운 일을 함께하는 사람들이 있다는 걸 알면 힘이 나겠지?

### 정보 공유

신기한 일을 봤을 때나 널리 알려야 하는 급한 일이 있을 때가 스마트폰이 빛나는 순간이야. 바로 찍어서 제보하거나 여러 사람에게 알릴 수 있거든.

코로나가 퍼졌을 때 스마트폰이 중요한 역할을 한 거 기억나지? 지진과 같은 자연재해 상황에서도 스마트폰으로 빠르게 대피 안내를 할 수 있어.

스마트폰이 등장하고 나서 콘텐츠 세계가 훨씬 풍부해졌어. 예전엔 영상을 만들려면 전문 카메라와 편집 프로그램이 필요했어. 하지만 스마트폰이 등장하면서 누구나 영상을 찍고 편리한 앱으로 편집하게 되었어. 그걸 다른 사람들과 공유하기도 쉽지.

# 3. 스마트폰이 좋은 것만은 아니야

스마트폰을 이용하는 어린이 중 25퍼센트가 과의존 위험군에 속하는 것으로 나타났습니다.

4명 중 1명이잖아. 저렇게나 많다니!

진이한테 스마트폰을 사 줘도 될까?

그러게. 신중하게 결정해야 하겠어.

스마트폰 과의존이 뭔데요?

어린이들이 스마트폰에 너무 심하게 의존해서 여러 문제가 생긴다는구나.

자세가 나빠져서 여기저기 아플 수도 있대.

스마트폰이 없으면 마음이 불안해서 못 견디기도 한대.

난 안 그럴 자신이 있는데….

스마트폰은 아주 매력적이어서 자기도 모르게 오래 사용하게 돼.

자전거를 오래 타면 궁둥이가 아프잖아?

스마트폰도 오래 쓰면 몸에 변화가 생겨.

눈이 뻑뻑해지는 안구 건조증. 시력이 나빠질 수도 있지.

목이 구부러지고 머리가 앞으로 나오는 거북 목. 거북 목이 되면 어깨와 허리가 아프고 두통도 생겨.

손가락만 움직이고 운동을 안 하면 소화가 잘 안되고 비만이 될 수 있어.

손목이 시큰시큰!

엄지손가락이 찌릿찌릿!

스마트폰을 보면서 화장실에 오래 앉아 있으면 변비가 생길지도 몰라.

스마트폰을 보며 걷다가 넘어져서 생긴 상처.

스마트폰으로 요즘 유행하는 짧은 동영상을 많이 보면 어떻게 될까?

사나운 짐승과 무서운 벌레가 우글대는 숲속을 걷는다고 생각해 봐.
바스락 소리, 갑자기 흔들리는 풀, 이런 새로운 정보를 무시했다간
뱀이나 독벌레에 물리거나 호랑이 밥이 될 거야.
우리 조상이 살았던 석기 시대가 바로 그런 환경이었어.
살아남으려면 새로운 것에 늘 관심을 기울여야 했지.

우리가 새로운 것에 관심을 보이면 뇌에서 도파민이라는 물질이 나와.
잘했다고 보상을 주는 거지. 도파민이 나오면 기분이 좋아져.

끝없이 나오는 새로운 동영상을
볼 때도 도파민이 나와.
그래서 멈추기가 어려워.
30분쯤 본 거 같은데 1시간이
훌쩍 지나가 버려.

뇌가 짧은 동영상을 보면서 칭찬받는 데 익숙해지면
긴 시간 동안 집중하는 게 점점 어려워져.
숙제하거나 공부하려면 오래 집중해야 하는데 말이야.

또, 밤에 스마트폰을 보면
잠들기가 어려워.
화면에서 나오는 블루
라이트 때문이야.
블루 라이트는 햇빛에
섞여 있는 빛이야.

우리가 블루 라이트를 보면 뇌는 아직 환한 낮이라고 생각해.
그래서 잠들기 어렵고 수면 시간이 줄어들어.

잠을 못 자면 아침에 일어나도 멍하잖아? 집중력이 떨어지는 거지.
거기다가 뇌는 우리가 잠잘 때 낮에 배운 것을 기억으로 저장해.
잠을 충분히 못 자면 공부를 잘할 수가 없어.
스마트폰 사용 시간을 조절하지 못하면 큰일 나겠지?

# 4. 스마트폰 사용 계약서를 써요

28

새 스마트폰이 아니라 엄마가 쓰던 거라니.
진이가 좀 실망한 거 같지?

스마트폰은 아주 비싼 물건이야. 신제품은 100만 원이 훌쩍 넘어.
100만 원을 들고 다닌다고 생각해 봐. 엄청나게 부담스럽겠지?

게다가 진이가 하려는 건 스마트폰 성능의 일부만 써도 충분해.
진이가 고성능 스마트폰을 새로 사는 건 낭비나 다름없어.

또, 스마트폰을 사용하려면 이동 통신사에 요금을 내야 해.
진이가 내지 않는다면 부모님이 부담해야 하지.

요모조모 따져 봤을 때 중고 스마트폰을 쓰기로 한 건
아주 현명한 선택이야.

진이는 사용 계약서를 쓰자는 말에 놀랐어. 스마트폰을 쓰려면 정말 계약서까지 써야 할까?

계약은 서로 지켜야 할 의무를 정하는 약속이야. 계약서는 서로 계약을 맺었다는 걸 증명하는 문서지.

진이가 스마트폰을 책임감 있게 사용했으면 좋겠어요. 무엇보다 스마트폰을 쓰다가 다치면 안 되죠.

진이가 스마트폰에 너무 의존할까 봐 걱정이에요. 그러지 않고 스마트폰을 스마트하게 쓰려면 규칙을 정하고 지키는 게 좋다고 생각해요.

진이는 부모님 말씀을 듣고 계약서를 쓰기로 했어.

스마트폰 사용 계약서에는 어떤 내용이 들어가야 할까?
진이와 부모님은 계약서에 넣고 싶은 규칙을 각자 제안했어.

### 진이가 계약서에 넣고 싶은 규칙

- 스마트폰을 잃어버리지 않는다.
- 사용 시간: 월·화·수·목·금 2시간, 주말 3시간
- 게임은 조금만!

### 부모님이 계약서에 넣고 싶은 규칙

- 스마트폰의 전화, 문자, 카메라, 건강 관리 기능만 사용한다.
- 집에 오면 스마트폰은 보관함에 둔다.
- 유튜브와 틱톡은 태블릿으로 본다.
- 몸을 움직일 때(걷거나 뛸 때)와 식사할 때는 스마트폰을 보지 않는다.
- 스마트폰과 태블릿 사용 시간: 하루에 1시간
- 스마트폰 비밀번호를 부모님께 알려 준다.
- 자녀 보호 기능을 사용한다.
- 부모님 스마트폰과 연결하여 진이가 어떻게 스마트폰을 쓰고 있는지 확인한다.

진이와 부모님 생각이 다르네. 이럴 때 필요한 건 대화와 협상!
진이는 스마트폰을 안전하게 사용하자는 부모님 마음을 이해했어.
사용 시간은 태블릿과 스마트폰을 합해서 하루에 1시간으로
줄이고, 꼭 필요한 몇 가지 기능만 쓰기로 했지.

> 스마트폰의 전화, 문자, 카메라, 건강 관리 기능을 씁니다.
> 유튜브와 틱톡 등은 집에서 태블릿으로 봅니다.
> 사용 시간은 하루에 1시간입니다.

또 하나, 같이 정해야 할 것이 있어. 바로 SNS에 대한 약속이야.
SNS는 소셜 네트워크 서비스(Social Network Service)를 줄인
말이야. 사용자들이 글, 사진, 영상을 공유하고, 의견을 나누는 게
SNS의 핵심 기능이야.

요즘 SNS에서는 30초에서 1분짜리 짧은 동영상이 유행이야.
알고리즘이 추천하는 걸 보다 보면 금방 시간이 지나가 버려.
사람들은 대개 SNS에 멋지고 행복한 사진을 골라서 올려.
그걸 보면서 자기와 자꾸 비교하게 되는 것도 문제야.

진이는 SNS를 사용하는 방법도 계약서에 넣기로 했어.

> 카카오톡 같은 메신저를 설치하지 않습니다.
> 필요한 연락은 문자로 합니다.
> 15살이 될 때까지 SNS 계정을 만들지 않습니다.

처음 해 보는 거니까 계약서를 고칠 수 있다는 문구도 넣었어.

마지막으로 진이와 부모님이 계약서에 사인했어.

사인은 약속을 잘 지키겠다는 다짐이야.

**자, 이제 스마트폰을 가질 준비 완료!**

# 진이의 스마트폰 사용 계약서

### 1. 스마트폰 기본 규칙
① 진이의 스마트폰은 부모님께 빌려 쓰는 것입니다. 그러므로 부모님 의견을 따라야 합니다.
② 집에 오면 스마트폰을 보관함에 두고 필요할 때만 씁니다.
③ 잠자리에 들 때도 스마트폰을 보관함에 둡니다.
④ 유튜브와 틱톡 등은 집에서 태블릿으로 봅니다.
⑤ 가족, 친구, 선생님하고만 연락합니다. 모르는 사람이 연락하면 부모님께 반드시 알립니다.

### 2. 스마트폰 기능과 사용 시간
① 스마트폰의 전화, 문자, 카메라, 건강 관리 기능을 씁니다.
② 스마트폰과 태블릿을 합쳐서 하루에 1시간만 씁니다.

### 3. 스마트폰 안전 규칙
① 걷거나 뛸 때 스마트폰을 쓰지 않습니다.
② 스마트폰으로 몸을 찍은 사진과 동영상을 누구에게도 보내지 않습니다.
③ 스마트폰 비밀번호를 부모님께 알려 줍니다.
④ 부모님이 허락하는 앱만 설치합니다.
⑤ 스마트폰 자녀 보호 기능을 사용하는 데 동의합니다.

### 4. 스마트폰 사용 예절
① 식탁에서 스마트폰을 쓰지 않습니다.
② 누군가를 욕하거나 기분 상하게 하는 문자나 이메일을 보내지 않습니다.
③ 식당이나 버스, 지하철, 공공장소에서는 큰 소리로 통화하지 않습니다.

**5. SNS 사용 규칙**

① 카카오톡 같은 메신저를 설치하지 않습니다. 필요한 연락은 문자로 합니다.

② 15살이 될 때까지 SNS 계정을 만들지 않습니다.

부모님과 진이는 이 약속을 함께 정하였고, 꼭 지키기로 했습니다.

만약 규칙을 2번 이상 어기면 스마트폰을 3일 동안 사용할 수 없습니다.

이 계약서 내용은 가족회의를 통해 고칠 수 있습니다.

2025년 6월 21일

김종국 윤희영 김진이

# 5. 드디어 내 스마트폰이 생겼어!

6월 22일 일요일     오늘 기분

드디어 내 스마트폰이 생겼다. 아빠랑 대리점에 개통하러 갔을 때 최신 스마트폰 가격을 보고 깜짝 놀랐다. 도대체 0이 몇 개야! 부모님이 쓰셨던 폰을 받길 참 잘한 것 같다.

내가 좋아하는 쿠키왕자 게임을 설치하고 싶은데 어떻게 하는 건지 모르겠다. 엄마가 스마트폰을 잘 쓰려면 잘 배워야 한다고 하셨다. 스마트폰을 쓰기 위해 공부해야 할 줄은 꿈에도 몰랐다.

스마트폰은 사용하기 편리하게 만들었지만, 그래도 처음에는 좀 배워야 해. 먼저 스마트폰 몸통부터 살펴볼까? 포니가 잘 설명해 줄 거야.

**카메라 렌즈**
뒤쪽에도 카메라 렌즈가 있어.

**액정 화면**
손가락으로 터치하는 방식으로 작동해. 깨지면 매우 불편하고, 새것으로 교체하려면 돈이 아주 많이 드니까 조심해서 다루어야 해.

**음량 조절 버튼**

**전원 버튼**
스마트폰을 켜거나 끄는 버튼이야.

**충전기 연결 단자**
스마트폰도 전기를 공급해 줘야 작동해.

**스피커**

**마이크**

### 스마트폰을 잘 쓰기 위한 세 가지 주의 사항!

- 떨어뜨리지 않기
- 물에 빠뜨리지 않기
- 너무 뜨겁거나 차가운 곳에 두지 않기

전화번호를 스마트폰 연락처에 저장해 놓으면, 필요할 때 검색해서 쓸 수 있어서 편리해. 저장 방법은? 포니한테 배워 보자!

### 카메라

스마트폰 카메라로 사진이나 동영상을 찍을 수 있어.

성능이 뛰어나서 영화를 찍기도 해.

### 배터리

스마트폰은 쉬지 않고 24시간 계속 일해.

우리가 사용하지 않을 때도 스마트폰은 앱을 업데이트하거나 메시지를 받아. 가만히 둬도 점점 배터리가 닳아 버리지.

사용하지 않는 앱은 지우고, 조금씩 자주 충전하면 배터리 수명을 연장할 수 있어.

### 긴급 통화

전화번호를 검색할 시간이 없을 만큼 위험한 상황이라고?

그럴 땐 경찰서나 내가 정한 번호로 빠르게 전화하는 긴급 통화 기능을 쓸 수 있어. 부모님과 함께 긴급 전화번호를 저장하고,

사용 방법도 연습해 둬.

짠! 여기는 앱을 내려받을 수 있는 스토어야.

스마트폰이 작은 컴퓨터라고 했던 거 기억나?

하고 싶은 걸 하려면 스마트폰에도 프로그램을 설치해야 해.

스마트폰에 설치하는 프로그램을 애플리케이션, 줄여서 앱이라고 해.

 **진이가 하고 싶은 게임 앱을 설치하려면?**

아이폰이라면 '앱 스토어', 안드로이드 폰이라면 '플레이 스토어'를 열어. 스토어에는 수천수만 가지 앱이 있어.

여기서도 필요한 걸 찾을 때는 검색 기능을 이용하면 편리해.

진이는 친구들이 재미있게 하던 앱들을 다 설치하고 싶었어.

유튜브부터 메신저, SNS, 게임들까지, 사고 싶은 걸 몽땅

장바구니에 담는 것처럼 재미있어 보이는 건 다 설치하려고 했어.

진이야, 이러면 안 돼.
앱을 너무 많이 설치하면 스마트폰이
기능을 제대로 할 수 없게 돼. 고장
날 수도 있으니까 꼭 필요한 것만
다운로드해야 해.

진이가 꼭 해 보고 싶었던 게임 앱을 찾았어.

네 살 이상이면 할 수 있는 게임이야. 먼저 이 게임을 한 사람들이 평가한 글이 리뷰야. 잘 살펴봐. 게임이 자주 멈추지는 않는지, 업데이트는 잘되는지 등 정보를 얻을 수 있어.

앱을 설치하기 전에 부모님 허락을 받는 게 좋아.

부모님이 어린이에게 잘 맞는 앱인지 함께 살펴봐 주시니까 안심할 수 있어.

난 11살이니까 빨리 설치해서 해 봐야지!

잠깐! 계약서 벌써 잊었니? "부모님이 허락하는 앱만 설치합니다."

진이가 허락받고 앱을 설치했더니 이런 게 나왔어.

> '쿠키왕자'가 다른 회사의 앱 및 웹사이트에 걸친 사용자의 활동을 추적하도록 허용하겠습니까?
>
> [앱에 추적 금지 요청]  [허용]

> '쿠키왕자'가 알림을 보내고자 합니다.
>
> [허용 안 함]  [허용]

진이는 뭔지 잘 몰라서 아무거나 눌렀어.

그랬더니 또 이런 게 나왔어.

> √ 전체 동의하기
>
> √ (필수) 개인 정보 수집 및 이용 동의
> √ (필수) 개인 정보 수집 및 취급 위탁 동의
> √ (선택) 이벤트 참여를 위한 개인 정보 취급 위탁 동의
> √ (선택) 위치 추적 동의
> √ (선택) 광고 수신 동의

'전체 동의하기'를 누르고 빨리 게임을 하면 좋겠지?

그래도 신중하게 결정해야 해.

'동의'를 누르는 건 계약서에 사인하는 것과 같거든.

포니, 이게 무슨 뜻인지 설명해 줘.

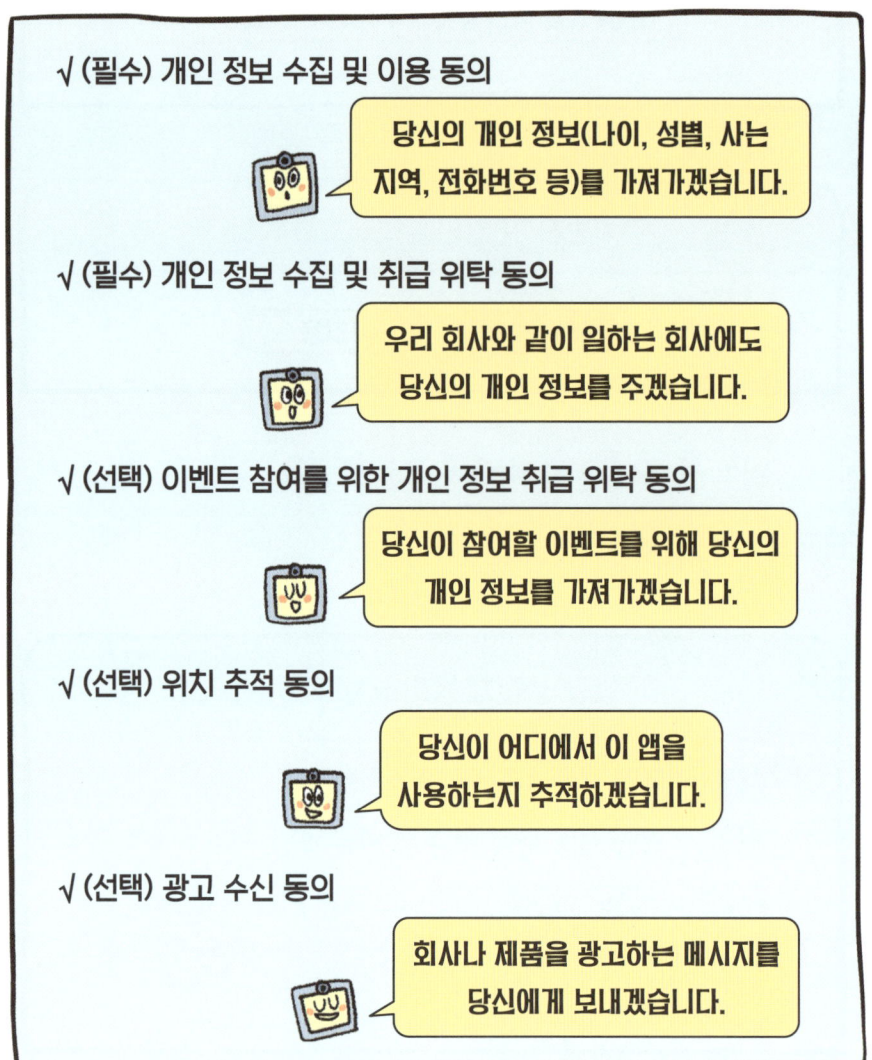

어때, 덜컥 동의해 버리면 안 될 거 같지?

개인 정보는 아주 소중한 거라서 함부로 알려 주면 안 돼.

'알림'을 허용하거나 '광고 수신'에 동의하면 아무 때나
띵! 소리가 나거나 폰이 부르르 진동할 거야.
궁금해서 스마트폰을 열면 게임 업데이트를 알리는 알림이나
물건을 사라는 광고가 뜰 거야.
당장 확인할 필요가 없는 시시한 정보지.

알림이 자주 울리면 숙제하거나 책을 읽을 때 집중할 수 없겠지?
그러니까 앱을 꼭 사용하고 싶다면 '필수'라고 표시된 것만
동의하는 게 좋아.

이제 앱 설치가 끝났으니 신나게 게임을 해 봐.

# 6. 메신저를 쓰고 싶어요

아빠 저도 친구들이랑 카톡 하고 싶어요.

진이야, 아직은 안 돼. 카톡이 뭔지도 잘 모르잖니.

스마트폰을 피자라고 생각해 보자.

네? 스마트폰이 피자라고요? 갑자기 왜요?

스마트폰을 처음 사면 기본 기능만 있어. 피자 반죽에 토마토소스만 바른 것과 비슷하지. 그 위에 채소와 고기, 치즈 등 먹고 싶은 것을 추가하듯 쓰고 싶은 앱을 추가하는 거야.

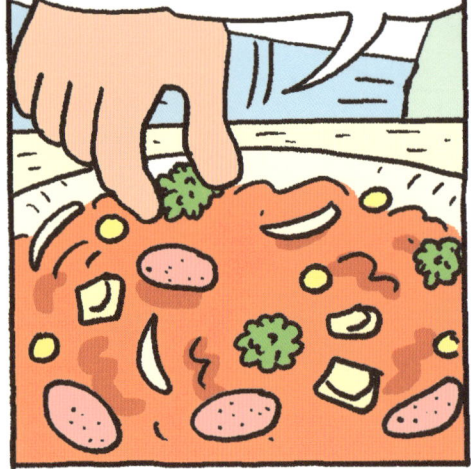

앱을 많이 설치하면 스마트폰이 느려지기 때문에 잘 생각해 보고 설치해야 해. 토핑이 너무 많으면 피자를 먹기 힘든 것처럼 스마트폰도 힘들어하거든. 진이에게 주는 영향도 생각해야 하고.

앱이 저한테 영향을 준다고요? 어떻게요?

카카오톡 같은 메신저는 참 편리해.

친구들과 대화하고 사진이나 동영상을 자유롭게 주고받을 수 있어.

이모티콘으로 내 생각이나 감정을 표현할 수도 있지.

메신저로 친구들에게 선물을 줄 수도 있고, 쇼핑도 할 수 있어.

계좌를 연결하면 친구로 등록된 사람들끼리 돈을 주고받을 수도

있고, 물건값을 낼 수도 있어.

돈거래까지 할 수 있다니 대단해 보이지?

하지만 이제부터 긴장해야 해. 메신저에 이렇게 많은 기능이

있단 건 우리가 알아야 할 것도 많다는 뜻이야.

지금부터 포니와 함께 메신저에 대해 알아보자.

메신저는 스마트폰에 저장된 연락처로 친구 명단을 만들어 줘.

그래서 친구들과 아주 편리하게 대화할 수 있지.

연락처에 없는 사람과 메시지를 주고받을 수도 있어.

누군지 모르는 사람이 나한테 말을 걸 수 있단 거지.

나쁜 의도로 접근하는 것일지도 모르니까

낯선 사람이 메신저로 대화를 신청하면 조심해야 해.


메신저로 주고받은 사진과 동영상은 스마트폰에 저장돼.

제때 지우지 않으면 스마트폰 저장 공간이 점점 줄어들지.

메시지가 왔다는 알림이 집중을 방해하기도 해.

특히 단체 대화방에 잘못 들어갔다간 끊임없이

울리는 알림 폭탄을 받을 수도 있어.

이렇게 앱은 스마트폰과 사용하는

사람에게 미처 생각지도 못한 영향을

주기도 해. 그러니 앱을 설치하기 전에는

잘 알아보고, 부모님과 꼭 상의해야

한다는 것을 기억해!

진이는 부모님과 의논한 끝에 3개월만 메신저를 써 보기로 했어.
대신 이런 규칙들을 지키기로 약속했지.

### 전화번호를 아는 사람이랑만 대화한다.

메신저 대화는 내 스마트폰에 전화번호가 입력된 사람이랑만 하는 게 안전해. 만약 친구로 등록되지 않은 사람이 말을 걸면, 부모님께 꼭 알려야 해.

### 사용 시간은 하루에 15분을 넘기지 않는다.

어떤 앱이든 길게 사용하는 건 좋지 않아.
딱 필요한 말만 짧게 하는 게 좋아.

 **사진과 동영상을 올리기 전에 두 번, 세 번 생각하자.**

메신저로 보낸 사진이나 동영상은 어디든 퍼질 수 있어.

보내기 전에 포니 질문에 대답해 봐.

 사진과 동영상에 너와 다른 사람의 개인 정보가 들어 있니?

 보낼 사진과 동영상을 보고 기분 나쁠 사람이 있니?

 동영상과 사진에 다른 사람의 얼굴과 몸이 많이 나오니?

 혹시 이 사진과 동영상이 퍼지면 네가 나중에 창피하게 느낄까?

이 가운데 한 가지라도 해당하면 메신저로 보내지 말아야 해.

프로필 사진도 마찬가지 기준으로 점검한 다음 올리는 거야, 알았지?

 **알림은 꺼 둔다.**

숙제하는데 끊임없이 알림이 울리면 집중하기 어려워.

이럴 땐 알림을 꺼 둬. 친구가 서운해할까 봐 걱정이라고?

이렇게 메시지를 보내.

"숙제 끝나고 내가 연락할게."

좋은 친구라면 분명히 이해할 거야.

**다른 사람과 있을 때는 메신저를 쓰지 않는다.**

중요한 이야기를 하는데 친구가 딴짓을 하면 기분 나쁘지?

부모님이나 친구와 이야기하면서 메신저를 자꾸 보는 건 실례야.

지금 눈앞에 있는 소중한 사람에게 집중!!!

# 7. 메신저 때문에 친구랑 싸웠어요

진이는 이제 막 신나게 메신저를 쓰기 시작했어.

친구들과 귀여운 이모티콘을 주고받으며 재미있게 이야기하고,

자주 못 만나는 친구와도 문자와 메신저로 자주 대화해.

그런데 안타깝게도 벌써 문제가 생겼네.

메신저로 대화하다 보면 진이가 겪은 것처럼 오해가 생기기도 해.

말과 글이 다르기 때문이야.

얼굴 보고 대화할 땐 친구 표정과 몸짓이 보이고 목소리도 들려.

현이가 앞에서 밝게 웃으며 장난하듯이 "뉘뉘." 하고 말했다면

진이가 오해할 일은 없었을 거야.

오해를 막으려면 문자와 메신저로 하지 말아야 할 것들이 있어.

지금부터 알아볼까?

### 첫째. 얼굴 보고 못 할 말은 온라인 대화에서도 하지 말자!

"넌 진짜 멍청해!"

이런 말을 친구 얼굴을 보며 할 수 있겠어?

친구 얼굴이 금방 울음을 터뜨릴 것처럼 변하는데?

메신저로 대화할 땐 얼굴이 안 보여서 못되게 굴기 쉬워.

친구가 들으면 싫어할 말을 막 할 수도 있지.

그러니까 더 조심해야 해.

예절을 지켜서 상대방이 불편하게 느낄 말은 하지 말아야 해.

한 번 더 마음에 새기면서 읽어 봐.

"얼굴 보고 못 할 말은 온라인 대화에서도 하지 말자!"

### 둘째, 단체로 대화하는 건 피하자!

메신저를 할 때는 말할 때보다 못되게 굴기 쉽다고 했잖아. 누군가 한 친구를 놀리기 시작하면 다들 따라서 그러기도 쉬워. 사람은 그럴 때 죄책감이 약해지는 존재이기 때문이야. 열 명이 한 친구를 놀려 대면, 훨씬 큰 상처를 줄 거야. 그러니까 단체 대화는 가족하고만 하기로 약속!

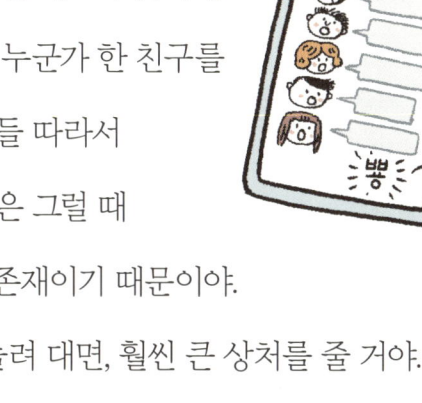

### 셋째, 누구나 들어갈 수 있는 '오픈 채팅'에 참여하는 건 절대 안 돼!

오픈 채팅방에서 위험한 사람이 접근할 수 있어. 모르는 사람이 온라인에서 말을 건다면 대답하지 말고 바로 부모님께 말씀드리자. 잘 모르는 사람이 보낸 링크를 누르는 것도 절대 금지야, 알았지?

# 8. 유튜브가 내 마음을 어떻게 알았지?

7월 18일 토요일     오늘 기분

으악! 어젯밤에 무서운 꿈을 꾸는 바람에 잠에서 깼다.

낮에 유튜브로 무서운 영상을 너무 많이 봐서 그런 것 같다.

수진이가 보낸 링크를 눌렀더니 유튜브가 열리면서 무시무시한

귀신 얼굴이 나왔다. 무서웠지만 신기하기도 해서 여러 번 봤다.

그랬더니 유튜브가 '오싹오싹 공포 체험!' 같은 영상을 주르르 추천해 줬다.

꼭 내 마음을 알고 있는 것 같았다.

유튜브는 신기하게도 내가 좋아할 만한 영상을 계속 보여 줘. 그걸 보고 있으면 시간 가는 줄 몰라. 꼭 나를 위한 마법 상자 같아. 어떻게 그럴 수 있을까?

우리 활동을 기록하기 때문이야. 유튜브 회사는 우리가 무엇을 보고, 무엇을 검색하는지 파악해서 정보를 모아. 그걸 바탕으로 우리가 관심을 가질 만한 걸 끊임없이 보여 주지. 이런 일을 하는 컴퓨터 시스템을 알고리즘이라고 불러.

알고리즘이 추천하는 흥미로운 영상은 한번 보면 멈추기가 어려워. 우리가 오래오래 머무는 것, 그게 바로 유튜브 회사가 바라는 거야. 그래야 광고를 보여 주면서 돈을 벌거든.

만약 진이가 유튜브로 공룡 영상을 자주 보면 알고리즘은 이렇게 분석해.

'공룡에 대한 영상을 추천하면 진이가 오래오래 보겠지?'

그러고는 이런 영상을 추천해 줘.

- 공룡을 좋아하는 사람들이 올린 영상
- 공룡 화석을 발굴하는 현장 모습
- 공룡이 나오는 영화나 애니메이션
- 공룡 박물관 행사, 그리고 행사에 참가한 사람들 모습
- 공룡 책 광고
- 공룡 장난감을 가지고 노는 사람들의 즐거운 모습
- 공룡 장난감을 파는 가게 광고
- 공룡은 멸종하지 않았다는 황당한 주장을 하는 사람의 영상

알고리즘이 우리가 좋아하는 걸 알아서 추천해 주니 좋지 않냐고?

그렇기는 해. 하지만 그런 것만 자꾸 보면 관심의 범위가

좁아질 수 있어.

연극이나 공연을 본 적이 있니?

사방이 캄캄한데 조명이 탁 켜지면서 주인공만 비추잖아.

주인공은 잘 보이지만 다른 곳은 보이지 않아.

알고리즘이 바로 그런 조명이야. 우리더러

자기가 비추는 곳만 보라는 거지.

유튜브는 다양한 정보와 지식이 넘치는 바다야.

하지만 알고리즘만 따르다간 좁은 우물에 갇힐 수 있어.

예를 하나 들어 줄게.

지구가 둥글지 않고 평평하다고 믿는 사람들이 있어.

틀린 믿음이지만 알고리즘은 그렇든 아니든 상관하지 않아.

그들에게 지구가 평평하다는 주장을 펼치는 영상을 추천해 주지.

그걸 자꾸 볼수록 그들의 생각이 점점 굳어져.

유튜브를 끄기 어려운 까닭은? 그래, 알고리즘이 범인이야.
이것을 반대로 생각하면, 알고리즘이 추천하는 걸 덜 보면
우리가 필요한 만큼만 유튜브를 사용할 수 있다는 뜻이지.

먼저 유튜브 보는 시간을 줄여 볼까?
유튜브 앱을 열자마자 좋아하는 영상이 주르르 뜨지?
하나를 다 보면 자동으로 다음 영상이 바로 시작할 거야.
그래서 멈추기 어렵잖아. 이걸 '설정'에서 바꿀 수 있어.

앱을 열고 '내 페이지'를 누르면 위쪽에 톱니바퀴 모양이 보여.
그게 '설정'이야. 설정을 누른 다음에 네 가지를 바꾸면 돼.

[전체 기록 관리]에서 '시청 기록 저장'을 중지해.
[전체 기록 관리]에서 지금까지 기록된 내용을 '모두' 삭제해.
[알림]에서 '맞춤 동영상'을 꺼.
[재생]에서 '다음 동영상 자동재생'을 꺼.

이렇게 바꾸고 유튜브를 다시 켜면 좀 낯설 거야. 화면에 아무 영상도 뜨지 않거든. 당황하지 말고 다양한 주제를 검색해서 봐. 한번 해 봐. 유튜브 보는 시간을 줄이는 아주 좋은 방법이야. 알고리즘에 이렇게 말하는 방법이기도 하지.
"나 여러 가지에 관심이 많으니까 다양한 걸 보여 줘."

혹시 유튜브 키즈를 사용해 봤니?
어린이에게 맞는 영상만 볼 수 있는 유튜브 앱이야.
자꾸 무서운 생각이 들게 만드는 영상도 없고, 다른 사람에게 상처를 주는 댓글이나 실시간 대화도, 광고도 없어.

영상은 아주 생생하게 우리 마음과 머릿속으로 들어와.

영상을 보고 놀라거나 심한 공포를 느끼면 마음에 상처가 나지.

상처가 쌓이면 당연히 마음과 정신에도 문제가 생길 거야.

이런 걸 막으려고 유튜브 키즈를 만들었어.

꼭 유튜브 키즈를 쓰지 않더라도, 자극적인 영상으로부터

스스로를 보호하도록 늘 노력해야 해.

시작은 보는 시간을 줄이는 것!

잘 안되면 부모님께 도와 달라고 말해. 꼭!

유튜브로 과학 공부를 하면서 수학 숙제까지 하면 정말 좋겠지?

두 가지 일을 한꺼번에 하니까 시간도 반밖에 안 들 테고.

이렇게 여러 가지 일을 동시에 하는 걸 멀티태스킹이라고 해.

그런데 말이야, 우리 뇌는 멀티태스킹을 진짜 못해.

두 가지 일을 동시에 하려면 동시에 두 일에 집중해야 하는데

우리 뇌는 한 번에 한 가지 일에만 집중할 수 있어.

진이는 과학 유튜브와 수학 문제에 동시에 집중한다고 생각할 거야.

하지만 진이 뇌는 과학 유튜브에 집중했다가 수학 문제에

집중했다가 둘 사이를 왔다 갔다 하는 거야.

이렇게 해서는 어디에도 제대로 집중할 수 없어.

어때, 멀티태스킹은 하지 말아야겠지?

한 번에 한 가지씩만! 꼭 명심해.

공부할 때 태블릿이나 스마트폰을 옆에 두면 방해가 돼. 여러 앱에서 끊임없이 알림을 보내기 때문이지.

"카톡! 현이 님이 새로운 메시지를 보냈습니다."

"땡! 쿠키왕자 새로운 업데이트가 있습니다."

"띠링! 구독 중인 '공룡 좋아' 님이 새로운 동영상을 올렸습니다."

알림을 하나하나 확인할 때마다 집중이 흐트러져. 다시 공부에 집중하려면 그만큼 시간이 더 걸려서 1시간에 끝낼 숙제가 1시간 30분이나 걸릴 수도 있어.

정말 중요한 알림만 켜 놓고 나머지는 꺼 두겠다고? 좋은 방법이야. 하지만 그것만으로는 부족해. 왜냐고?

스마트폰을 옆에 두기만 해도 집중하기 어려워.

매력적인 스마트폰을 보고 싶은데 그걸 참아야 하잖아.

그러느라 또 집중력을 써야 하기 때문이지.

공부할 땐 스마트폰을 주방 식탁처럼
먼 곳에 떨어뜨려 놔. 그러면 공부가
잘되고 숙제도 빨리 끝낼 수 있어.

계약서에 문구를 추가해야겠지?

"공부할 땐 스마트폰을 다른 방에
두겠습니다."

아니다. 하나를 더 넣어야겠어.

"스마트폰으로 멀티태스킹을 하지 않겠습니다."

> 스마트폰의 방해에서 벗어나기 위해 **'멍청이폰'**을 쓰는 사람들이 늘어나고 있어. 멍청이폰은 통화와 문자, 달력 등 아주 간단한 기능만 되는 휴대폰이야. 하루 종일 영상을 보거나 게임, SNS를 하는 스마트폰 과의존에서 벗어나기 위한 노력이지. 스마트폰을 스스로 줄이는 것은 누구에게나 똑같이 어려운가 봐!

# 10. 스마트폰 에티켓을 지켜라

지금 생각해도 화가 난다. 어떻게 영화관에서 스마트폰을 볼 수가 있담. 스파이더맨이 악당과 싸워 이기려는 순간이었는데, 갑자기 환해져서 결정적인 장면을 놓치고 말았다.
어른인데 나보다도 에티켓을 못 지키는 게 이해가 안 간다.
나는 영화관에 들어갈 때 스마트폰을 껐는데 말이다.
영화 보는 동안만 스마트폰을 안 보는 게 그렇게 어려운 걸까?

진이가 단단히 화가 났네. 중요한 순간에 방해를 받았으니 그럴 만도 하지. 이게 다 스마트폰 에티켓을 지키지 않아서 벌어진 일이야. 스마트폰 에티켓은 스마트폰을 쓰는 사람이 지켜야 할 예의야.

공공장소에서 시끄럽게 떠들면 안 된다는 건 잘 알지? 스마트폰도 에티켓을 잘 지켜서 써야 남에게 피해를 주지 않아.

### 스마트폰 에티켓1  공공장소에서는 무음으로!

드르르르 울리는 진동도 방해가 되니까 무음으로 바꾸는 게 좋아. 스마트폰 기종에 따라서 조금씩 사용법이 다르니까 미리 연습해 둬.

### 스마트폰 에티켓2  영화관과 공연장에서는 스마트폰 전원을 끄자.

한두 시간 스마트폰을 꺼도 아무 일도 안 생겨.
집중해야 할 때는 스마트폰을 꺼 두자.
끄는 게 싫다면 방해 금지 모드로 바꿔도 돼.
방해 금지 모드에서는 전화나 알림이 오지 않아.

**스마트폰 에티켓3** **꼭 필요한 통화는 바깥에서!**

영화관에서는 통화 금지. 도서관에서는 열람실을 나가 휴게실에서. 지하철이나 버스에서는 바깥으로 못 나가니까 아주아주 조용하게.

**스마트폰 에티켓4** **음악을 들을 때는 이어폰으로!**

버스나 지하철 같은 공공장소에서 이어폰을 쓰는 건 당연한 예의야. 내가 듣는 소리가 다른 사람에게는 소음으로 들릴 수 있거든. 자동차 경적이나 안내 방송처럼 중요한 소리를 못 들을 수 있으니 길에서 걸을 때는 아예 아무것도 듣지 않는 것을 추천해.

### 스마트폰 에티켓5  스마트폰에서 나오는 빛을 조심해!

영화관이나 공연장에서는 스마트폰의 약한 빛도 다른 사람의

감상을 방해할 수 있어.

미술관과 박물관에서 사진을 찍을 땐 플래시를 꺼야 해.

그 빛이 아주 귀중한 작품과 유물을 조금이라도 망가뜨릴 수 있거든.


### 스마트폰 에티켓6  누군가와 대화할 땐 스마트폰을 보지 말자!

엄청 중요한 이야기를 열심히 하고 있는데 친구가 딴짓하면 기분이

어떨 거 같아? 섭섭하고 화도 나고 기분이 나쁠 거야.

밥 먹을 때, 친구와 부모님과 이야기할 때 스마트폰을 보는 건

상대방을 배려하지 않는 행동이야.


### 스마트폰 에티켓7  비행기에서는 비행기 모드로!

스마트폰 같은 전자 기기가 비행기 운행에 영향을 줄 수 있어.

그러니까 비행기에 타면 스마트폰을 비행기 모드로 바꿔.

비행기 모드로 바꾸면 문자, 통화, 와이파이를 쓸 수 없어.

모두의 안전을 위해 그쯤은 참을 수 있지?

# 11. 낯선 사람이 말을 건다면?

스마트폰을 쓰다 보면 모르는 사람이 말을 걸기도 해.

진이처럼 선물을 준다는 댓글이나 문자를 받기도 하지.

진이가 링크를 누르려고 했더니 포니가 말렸잖아.

다 이유가 있어.

진이가 받은 뭔지 모를 영어와 기호는 URL이야.

인터넷 공간에서 웹페이지를 찾을 수 있게 해 주는 주소지.

컴퓨터나 스마트폰에서 URL 링크를 누르면 그 주소와 연결된

인터넷 웹페이지가 열려.

인터넷에서 본 예쁜 고양이 사진을 친구한테 보여 주고 싶다면?

인터넷 브라우저에 있는 URL을 복사해서 문자로 보내 주면 돼.

친구가 URL 링크를 클릭하면 바로 고양이 사진을 볼 수 있어.

Uniform Resource Locator

URL 링크는 열어 보기 전까지는 무엇과 연결될지 몰라.

친구한테 고양이 사진이라며 강아지 사진 링크를 보내도 되지.

이런 특성을 이용해서 나쁜 짓을 할 수도 있어.

그러니까 진이처럼 뭔지 모르는 링크를 덜컥 누르면 안 돼.

지금부터 그 이유를 하나하나 알려 줄게.

**첫째, 스마트폰이나 컴퓨터를 망가뜨릴 수 있어.**

링크 주소를 누르게 해서 스마트폰이나 컴퓨터를 해킹하려는 거지.

어린이 스마트폰엔 중요한 정보가 없으니 괜찮을 거 같다고?

아니야, 부모님 전화번호를 알아내서 범죄에 쓸 수도 있으니

조심해야 해.

## 둘째, 피싱이나 스미싱일 수도 있어.

가짜 금융 기관 사이트와 연결되는 링크를 클릭하게 만들어서
돈을 훔치는 범죄가 피싱이야. 스미싱은 문자 메시지로 링크를 보내
피싱 범죄를 저지르는 방법이야.

스마트폰을 해킹해서 은행 계좌에서 돈을 훔쳐 가려는 거지.

누가 그런 거에 속느냐고? 정말 많은 어른이 피해를 봤어.

꼭 눌러야 할 거 같은 문자와 링크를 보내거든. 이런 거 말이야.

> [배송 조회] 10/9 고객님 주소가 잘못 기재되어 택배가 반송되었습니다. 배송 주소 수정 uuu.ne/FhMr06

> [도로공사] 박진이 님 불법 단속에 적발되었습니다. 확인 후 빠른 처리 요망! http://365_24.co.kr

> 김현이 님 추석 선물로 모바일 상품권을 드립니다. 확인 바랍니다. http://Gluh.are/mcbaNl

> [OO경찰서] 손포니 님의 계좌가 범죄에 이용되었습니다. 빠른 연락 바랍니다. www.PjGl/AskG

> [OO카드] 해외 결제 금액 986,000원 고객님이 사용하신 것이 아니라면 확인 바랍니다. http://moCard/KerFD

**셋째, 개인 정보를 훔쳐 가려는 시도일 수 있어.**

이벤트에 당첨되었으니 주소, 이름, 전화번호 같은 정보를 입력하라고 해. 하지만 실제로는 아무것도 주지 않고 개인 정보를 훔쳐 가. 굉장히 비싼 상품을 준다면서 상품값의 일부만 보내라고 하기도 해. 물론 사기라서 돈을 보내도 상품을 주지 않아.

**넷째, 어린이가 보아서는 안 되는 사이트로 연결될 수도 있어.**

링크를 누르면 무섭거나 자극적인 영상이 튀어나올 수도 있어. 그냥 장난을 치고 싶어서 그러는 건데, 다른 사람을 너무 놀라게 하거나 보고 싶지 않은 걸 보게 하는 건 매우 나쁜 장난이야. 너무 나빠서 장난이라고 할 수도 없지.

인터넷을 이용할 때 또 조심해야 할 게 있어.

가끔 웹툰이나 영화를 공짜로 보여 준다는 사이트가 있어.

그런 사이트는 이용하면 안 돼.

남의 창작물을 공짜로 보여 주는 건 나쁜 짓이야.

만든 사람의 노력을 무시하는 거니까.

이런 사이트는 나쁜 것들을 광고해 주며 돈을 벌어.

광고 배너를 잘못 누르면 도박 사이트 같은 아주 해로운 곳으로 연결되니까 절대로 이용해선 안 돼.


포니가 진이를 막은 이유를 이제 알겠지?

그래, 범죄로부터 진이를 지키려는 거였어.

진짜진짜 중요한 거니까 한 번 더 강조할게.

★ 누군지 모르는 사람이 보낸 문자나 메시지는 읽지 말고 삭제!
★ 문자나 메시지에 뭔지 모를 링크가 있다면 무조건 삭제!
★ 스마트폰에 개인 정보를 너무 많이 보관하지 말자!
★ 세상에 공짜는 없다! 선물을 주겠다는 문자는 범죄의 함정일 가능성이 크니까 절대로 속지 말고 삭제!

# 12. 스마트폰, 안전이 가장 중요해

혹시 '스몸비'라는 말 들어 본 적 있니?

스마트폰과 좀비를 합친 말이야. 스마트폰을 보느라

고개를 숙이고 걷는 사람들이 좀비 같다고 해서 생긴 말이야.

스몸비가 되었다간 걷다가 넘어지거나 부닥쳐서

자기도 다치고 남도 다치게 할 수 있어.

진이도 스몸비처럼 스마트폰을 하면서 걸었어.

그러다 다른 사람과 부닥치는 바람에 스마트폰 액정까지 깨졌지.

만약 신호를 안 지키는 자동차가 있었다면?

어휴, 생각만 해도 아찔하다.

이 모든 위험한 일이 왜 생겼을까?

그래, 진이가 약속을 어기고 걸으면서 스마트폰을 사용했기

때문이야.

사람은 한 가지에 집중하면 나머지에는 소홀하게 돼.

스마트폰에 집중하면 주변 상황을 파악하는 능력이 낮아진단 거지.

실험을 해 봤더니, 사람들은 스마트폰을 사용하지 않을 때는

12~15미터 뒤에서 울리는 자전거 경적을 들었어.

하지만 스마트폰으로 문자를 보내거나 게임하며 걸을 때는

그 거리가 3분의 1로 줄었어.

자전거가 경적을 울리며 다가와도 피하기 어려울 만큼

가까이 와야 겨우 알아차릴 수 있단 뜻이야.

실제로 스몸비 교통사고도 자주 일어나.

스마트폰에 정신을 팔다가 사고를 당하기도 하고, 지하철 문에

끼기도 해. 버스에서는 스마트폰을 보느라 손잡이를 잡지 않았다가

넘어지는 사고가 나.

한 조사에 따르면, 주위를 제대로 살피지 않고 걷다가 교통사고를

당한 사람들 10명 가운데 6명은 스마트폰을 쓰고 있었어.

 **스몸비가 얼마나 위험한지 알았으니 이건 꼭 지키자!**

걸으면서 스마트폰을 사용하면 절대로 안 돼!

걸으면서 이어폰이나 헤드폰으로 음악을 듣는 것도 안 돼! 광고를 보면 이러는 게 멋져 보이지? 하지만 안 돼. 자동차 경적 같은 중요한 소리를 못 들어서 사고가 날 수 있으니까.

자전거를 타면서 스마트폰을 쓰는 것도 안 돼! 차를 운전하면서 스마트폰을 보면 얼마나 위험하겠어? 자전거도 마찬가지야.

# 13. 스크린 타임을 줄여라

어젯밤에 무서운 꿈을 꿨다.

괴생명체가 나타나 나에게 다가오는 꿈이었다.

눈은 물고기처럼 크고 툭 튀어나왔으며, 목은 거북이처럼

앞으로 튀어나왔고, 등도 굽었다. 악수하려고 손을 내미는데

엄지손가락만 엄청 길었다.

괴생명체는 자신이 미래 인간이라고 했다. 사람들이 스마트폰을 하도

많이 해서 미래 인간 몸이 자기처럼 변한 거라고 했다.

너무 끔찍했다. 진짜 그렇게 될까?

진이가 진짜 놀랐겠다. 꿈이라서 다행이야.

그런데 사람이 정말 진이 꿈에 나온 미래 인간처럼 변할까?

그건 알 수 없지만, 스마트폰을 쓰는 우리 몸은 지금도 변하고 있어.

스마트폰을 사용하면 자연히 고개를 숙이게 되잖아.

두꺼운 머리뼈 속에 뇌가 들어 있는 머리는 꽤 무거워.

고개를 1센티미터 숙일 때마다 목에 3킬로그램짜리 돌을 하나씩

매다는 셈이래. 오래 숙이고 있으면 목이 머리 무게를 감당하지

못해서 앞으로 쑥 나오고, 결국 '거북 목'이 되어 버리지.

이게 다 스크린 타임이 너무 길어서 그런 거야.

스크린 타임은 스마트폰, 컴퓨터, 태블릿, 텔레비전 등

스크린 기기를 사용하는 시간을 가리키는 말이야.

요즘에는 주로 스마트폰 사용 시간을 가리키는 말로 쓰여.

스크린 타임은 잘 조절하지 않으면 점점 늘어나.

짧은 동영상과 도파민 이야기 기억나지? 난 20분만 본 거 같은데 실제로는 한 시간이 지나가 버리기도 해. 거기다가 끊임없이 울리는 알림을 확인하느라 또 시간이 지나가.

알림 확인하는 데 몇 초밖에 안 걸리니까 괜찮을 거 같니?
그렇지 않아. 문자 메시지 알림을 확인하려고 스마트폰을 손에 들었다가 메일이 왔나 살피기도 해. 메신저에 친구들이 뭘 올렸나 보기도 하고, 괜히 어제 찍은 사진을 열어 보기도 하지.
그러다 보면 또 시간이 훌쩍 지나가.

한마디로, 그냥 내버려두면 스마트폰은 우리 시간을 훔쳐 가는 시간 도둑이 되어 버려.

요즘 진이는 스크린 타임이 점점 느는 것 같아서 고민이야.
진이가 스마트폰과 태블릿을 잘 쓰고 있는지 알아볼까?

스마트폰에는 스크린 타임을 확인할 수 있는 기능이 있어.

진이가 태블릿과 스마트폰에서 스크린 타임을 확인했더니 이런 결과가 나왔어.

**총 스크린 타임 10시간 44분**

- 쿠키왕자　5시간 22분
- 메신저　2시간 11분
- 블로그　1시간 37분
- 유튜브　1시간 34분

진이의 지난주 스크린 타임은 하루 평균 1시간 32분이야.

계약서를 지켰다면 하루에 1시간이니까 날마다 32분씩 더 쓴 거야.

스크린 타임을 줄여야 겠지?

## 내 시간을 나에게 필요한 것, 소중한 것으로 채우기 위해 스크린 타임을 줄이는 방법

첫째, 스마트폰 스크린 타임을 일주일에 한 번씩 점검한다! 부모님과 함께!

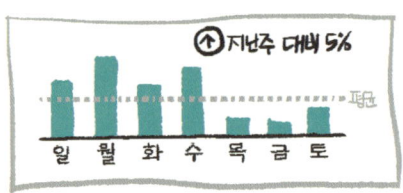

둘째, 게임을 하거나 유튜브를 볼 때는 타이머를 맞춰 놓는다! 타이머 알람이 울리면 스마트폰 내려놓기!

셋째, 알림은 꼭 필요한 것만 켜 둔다! 명심하자! 알림은 시간 도둑의 노크다.

넷째, 스마트폰 앱 사용 시간 제한 기능을 이용하자! 부모님과 함께 스마트폰 사용 시간을 제한하는 여러 방법을 찾아서 설정해 놓자.

예를 들어, 유튜브 앱 시청 시간을 설정할 수 있어.

계정의 설정 메뉴에서 '일반'을 선택한 다음에

'시청 중단 시간 알림'을 30분으로 설정해 봐.

30분이 지나면 재생이 멈출 거야.

'취침 타이머'를 설정할 수도 있어. 인터넷에서

설정 방법을 검색해 봐.

스크린 타임이 늘어나면 재미있는 걸 오래 보고

오래 하니까 기분이 좋을 것 같니?

한 연구에 따르면, 어린이와 청소년은 스마트폰 사용 시간이

늘어날수록 기분이 가라앉고 더 우울하게 느낀대.

스마트폰을 쓰느라고 우리가 좋아했던 일들을 덜 해서 그런 게

아닐까? 친구들이나 부모님과 신나게 웃으며 이야기하기, 땀을 흠뻑

흘리며 운동하기 같은 거 말이야.

스크린 타임을 줄여서 생긴 시간에 진짜 좋아하는 걸 찾아서 해 봐.

# 14. 스마트폰과의 이별

"스마트폰이랑 잠시 떨어져 있는 게 좋겠다. 사흘 동안 압수야."

가족회의에서 엄마가 말했을 때 마른하늘에 날벼락 같았다.

약속한 사용 시간을 지키지 않았고, 액정 화면까지 깨뜨려서 그런 거다.

계약서에 사인을 하고 약속을 어겼으니까 나도 할 말은 없다.

그런데 스마트폰 없이 어떻게 지낼지 정말 걱정이다.

스마트폰이 없으면 진짜진짜 심심할 거 같다.

스마트폰을 압수당한 진이가 어떻게 지냈을까?

진이가 걱정했던 것처럼 심심해서 못 견뎠을까?

### 첫째 날

잘못했다는 걸 아는데도 친구들이 스마트폰 하는 걸 볼 때마다 화가 났어. 갑자기 스마트폰이 없으니까 빈 시간에 뭘 할지 떠오르지 않았어. 침대에 벌렁 누웠더니 스마트폰 생각만 났어.

진이는 이렇게 결심했어.

'앞으로 잘할 테니까 스마트폰을 일찍 돌려 달라고 해 볼래.'

### 둘째 날

진이는 평소에 잘 안 하던 방 청소를 깨끗이 했어.

그걸 보고 엄마가 방이 아주 깔끔해졌다고 칭찬했어.

진이가 이때다 싶어서 말했어.

"앞으로도 잘할게요. 그러니까 오늘 스마트폰 돌려주세요."

엄마는 이렇게 대답했어.

"스마트폰을 압수한 건 진이가 이번 기회에 스마트폰 사용 습관을 고치기를 바라기 때문이야. 방 청소를 잘한다고 스마트폰 사용 습관이 저절로 좋아지는 건 아니란다."

이번 기회에 올바른 스마트폰 사용 습관을 만들어 보자!

엄마는 이런 이야기도 들려주셨어.

"진이, 스티브 잡스가 누군지 알지? 아이폰을 만드는 애플이라는 회사를 세웠잖아. 스티브 잡스는 자기 자녀들에겐 스마트폰과 아이패드 같은 정보 통신 기기를 못 쓰게 했대.
마이크로소프트를 만든 빌 게이츠도 마찬가지였어.
어른들조차 스마트폰 쓰고 싶은 마음을 참기 어렵다는 걸 알았단 거지.
좀 얄밉지? 하지만 그들이 제대로 판단한 거란다.
솔직히 엄마도 스마트폰을 안 쓰는 게 참 어려워."

### 셋째 날

진이는 포니와 함께 작년에 썼던 일기장을 봤어.

일기장엔 진이가 엄마 아빠랑 산책하며 강아지를 만났던 이야기, 친구들이랑 보드게임을 하며 떠들썩하게 놀았던 이야기가 쓰여 있었어. 진이는 포니와 함께 일기를 읽으며 한참 재잘거렸어. 스마트폰이 없는데도 이렇게 재미있다는 게 신기했어.

진이네 식구는 저녁을 일찍 먹고 동네에서 산책했어.

이웃 할머니가 기르는 강아지도 만났어. 진이가 일기장에 썼던 바로 그 강아지야. 오랜만에 봤더니 다리가 길어진 것 같았어.

집에 돌아오는 길에 진이는 이렇게 생각했어.

'스마트폰이 없어도 꽤 재밌네.'

진이처럼 가끔 스마트폰과 이별하는 것도 괜찮겠지?

그러면서 책도 읽고, 운동도 하고, 취미 활동도 하고,

가족, 친구들과 시끌벅적 이야기도 하는 거야.

그래야 우리 삶의 균형이 잡혀.

자전거를 탈 때 균형을 잃으면 어떻게 되지?

그래, 넘어져. 스마트폰에 관심과 시간을 온통 빼앗겨도

균형을 잃어.

넘어지지 않으려면 스마트폰과 적절한 거리를 유지해야 해.

사실은 부모님도 스마트폰 사용 시간을 줄이는 게 어려워.

또, 부모님이 스마트폰을 쓰면 진이도 참기 어렵지.

지금까지 스마트폰을 쓰면서 겪었던 일을 곰곰이 생각하면서

온 가족이 지킬 새 계약서를 쓰기로 했어.

스마트폰이 시간과 집중력 도둑이라는 사실 기억하지?

진이는 몸과 마음의 건강을 위해 스크린 타임을 줄이고,

스마트폰과 거리를 두는 게 꼭 필요하다고 생각했어.

그래서 새로운 규칙을 만들어 계약서에 넣었어.

- 매주 금요일에 부모님과 함께 스크린 타임 기록장을 쓰면서 스크린 타임을 점검합니다.

- 매주 일요일은 '스마트폰 없는 날'로 보내기로 약속합니다.

- 멀티태스킹을 하지 않습니다.

진이는 메신저를 쓰기 시작하면서 스마트폰을 하루에 1시간 넘게 쓰는 날이 많아졌어.

스크린 타임을 보니 메신저만 하루에 1시간 넘게 쓴 날도 있었지.

진이는 메신저 사용 시간을 줄이기로 결심했어.

- 메신저는 하루에 15분만 씁니다.
- 더 길게 써야 할 때는 부모님께 허락을 받습니다.

진이네 가족이 영화관에 갔던 날 생각나니?

사람들의 스마트폰과 스마트워치에서 나온 빛 때문에 영화 보는 데 방해받았었잖아.

진이네 가족은 앞으로 영화관에서는 스마트폰을 끄기로 약속했어.

- 영화관에서는 스마트폰과 스마트워치를 꺼 둡니다.

진이가 계약서 규칙을 어겨서 스마트폰을

3일 동안 압수당한 거 기억하니?

3일을 잘 견디긴 했지만 부작용도 있었어.

부모님이 급하게 진이한테 연락해야 할 때 불편했거든.

앞으로 계약을 위반할 때는 상황에 맞게 페널티를 받기로 했어.

페널티는 약속을 어겼을 때 받는 벌 같은 거야.

> **계약서에 적힌 약속을 어겼을 경우 아래 보기 중 하나를 골라 페널티를 받습니다.**
> - '스마트폰 없는 날'을 하루 늘린다.
> - 약속을 어기게 만드는 기능이나 앱을 지운다.
> - 반성문을 쓴다.
> - 벌금 5000원을 낸다.

새 계약서를 잘 지키면 진이네 식구는 스마트폰을 이름에 맞게

똑똑하게 사용하는 행복한 가족이 될 거야.

## 진이와 엄마 아빠의 스마트폰 사용 계약서

### 1. 스마트폰 기본 규칙
① 진이 스마트폰은 부모님께 빌려 쓰는 것입니다. 그러므로 부모님 의견을 따라야 합니다.
② 집에 오면 스마트폰을 보관함에 두고 필요할 때만 씁니다.
③ 잠자리에 들 때도 스마트폰을 보관함에 둡니다.
④ 진이는 유튜브와 틱톡 등은 집에서 태블릿으로 봅니다.
⑤ 진이는 스마트폰으로 가족, 친구, 선생님하고만 연락합니다. 모르는 사람이 연락하면 부모님께 반드시 알립니다.

### 2. 스마트폰 기능과 사용 시간
① 진이는 스마트폰의 전화, 문자, 카메라, 건강 관리 기능과 메신저를 씁니다.
② 진이는 메신저를 하루에 15분만 씁니다. 더 길게 써야 할 때는 부모님께 허락을 받습니다.
③ 진이는 스마트폰과 태블릿을 합쳐서 하루에 1시간만 씁니다.

### 3. 스크린 타임 관리하기
① 매주 금요일에 부모님과 함께 스크린 타임 기록장을 쓰면서 스크린 타임을 점검합니다.

### 4. 스마트폰 없는 하루 정하기
① 매주 일요일은 '스마트폰 없는 날'로 보내기로 약속합니다.

### 5. 스마트폰 안전 규칙
① 걷거나 뛸 때 스마트폰을 쓰지 않습니다.
② 스마트폰으로 몸을 찍은 사진과 동영상을 누구에게도 보내지 않습니다.
③ 진이는 스마트폰 비밀번호를 부모님께 알려 줍니다.
④ 진이는 부모님이 허락하는 앱만 설치합니다.
⑤ 진이는 스마트폰 자녀 보호 기능을 사용하는 데 동의합니다.
⑥ 멀티태스킹을 하지 않습니다.

### 6. 스마트폰 사용 예절
① 식탁에서 스마트폰을 쓰지 않습니다.
② 누군가를 욕하거나 기분을 상하게 하는 문자나 이메일 등을 보내지 않습니다.
③ 식당이나 버스, 지하철, 공공장소에서는 큰 소리로 통화하지 않습니다.
④ 영화관에서는 스마트폰을 꺼 둡니다.

### 7. SNS 사용 규칙
① 진이는 15살이 될 때까지 메신저 외에 SNS 계정을 만들지 않습니다.

### 8. 계약 위반 페널티
계약서에 적힌 약속을 어겼을 경우 아래 보기 중 하나를 골라 페널티를 받습니다.
- '스마트폰 없는 날'을 하루 늘린다.
- 약속을 어기게 만드는 기능이나 앱을 지운다.
- 반성문을 쓴다.
- 벌금 5000원을 낸다.

계약서 내용은 가족회의를 통해 고칠 수 있습니다.

2025년 9월 30일

성장의 발판, 도약의 구름판, 너머를 보여 주는 디딤판, **판퍼블리싱**

어린이 실전 미디어 리터러시

## 나의 스마트폰 일기
슬기로운 진이 스마트폰을 정복하다

**초판 1쇄 발행** 2025년 5월 14일

**글** 전해리 · **그림** 원혜진
**펴낸이** 이선아 신동경 · **디자인** 진보라
**펴낸곳** 판퍼블리싱 · **출판등록** 2022년 9월 21일 제2022-000153호
**주소** 서울시 마포구 신촌로2길 19, 마포출판문화진흥센터 3층
**이메일** panpublishing@naver.com · **팩스** 0504-439-1681

© 전해리 원혜진, 2025

ISBN 979-11-992278-1-1 74300
ISBN 979-11-992278-0-4 (세트)

* 책값은 뒤표지에 있습니다.
* 잘못 만들어진 책은 구입하신 서점에서 교환해 드립니다.
* 이 책은 저작권법에 의하여 보호를 받는 저작물이므로 무단 전재와 복제를 금합니다.

# 나의 스마트폰 일기

찰칵

**스마트폰으로 현이가 한 일**
1. 유튜브 영상 보기
2. 사진 찍기
3. 급할 때 전화하기
4. 게임하기

5월 10일 토요일    오늘 기분

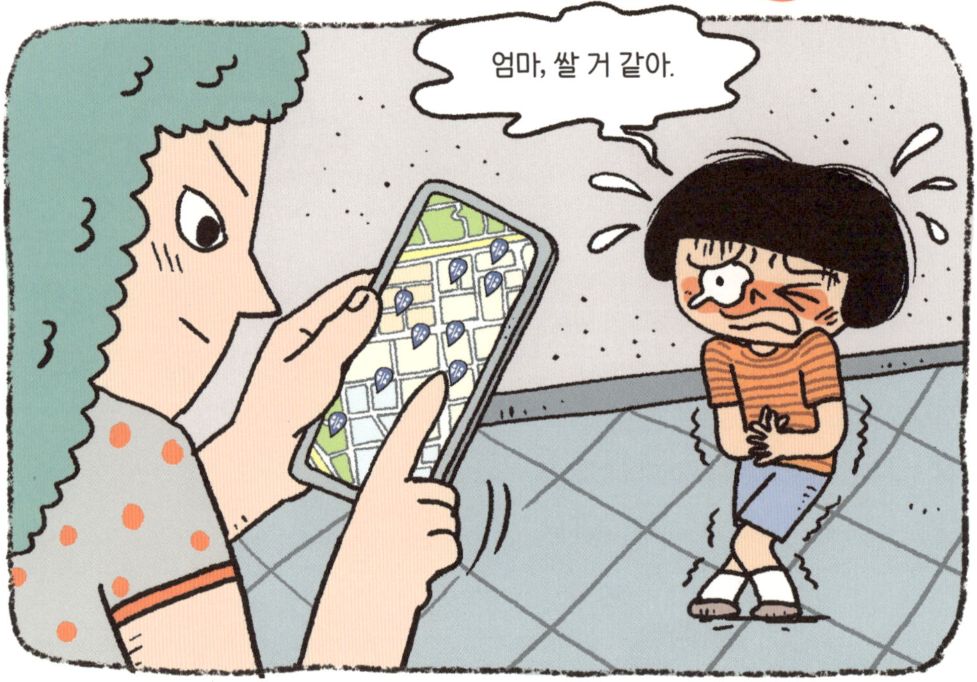

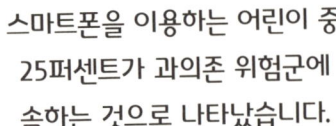

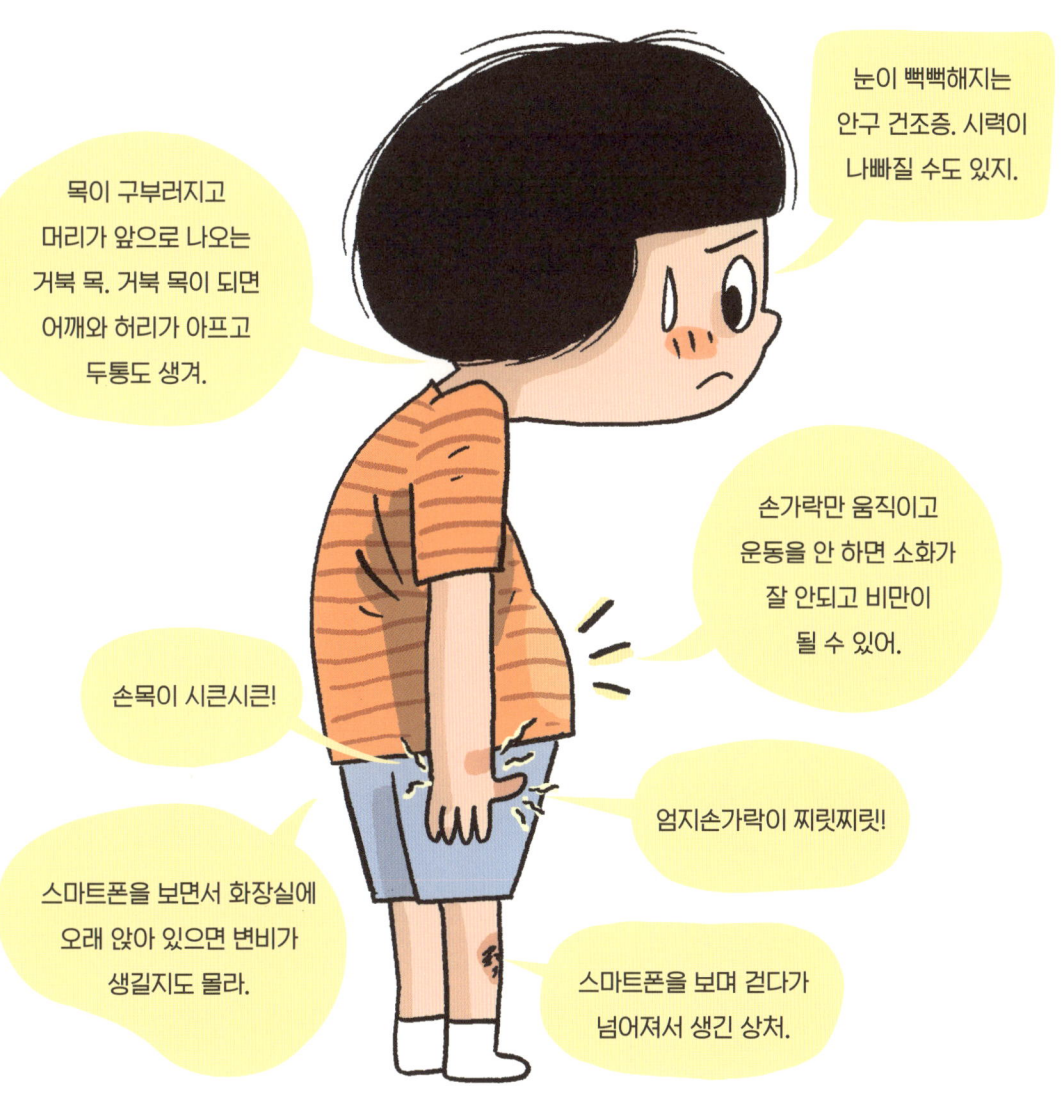

쿠폰을 준다면서 자기 채널에
가입해 달라는 요청은 조심해!
이런 채널을 친구로 추가하면,
끊임없이 광고를 보내고 그때마다
알림이 울릴 거야. 꼭 필요한
채널에만 가입하고 알림은 꺼 둬.